Made in the USA
Coppell, TX
07 September 2020

36353575R00063